VIE

DE

SAINT LÉONARD

DE DUNOIS

ET

HISTOIRE DE SES PRÉCIEUSES RELIQUES

D'APRÈS LES TITRES AUTHENTIQUES

Avec approbation de Mgr l'Évêque de Blois.

SE TROUVE

CHEZ M. LE CURÉ DE SAINT-LÉONARD

(Loir-et-Cher)

1865

APPROBATION.

Louis-Théophile Pallu Du Parc, par la grâce de Dieu et du Saint-Siége apostolique, évêque de Blois, assistant au trône pontifical.

La notice sur la vie et le culte de saint Léonard nous ayant paru très-propre à ranimer la dévotion des fidèles envers ce saint, et à atteindre ainsi le but que l'auteur s'est proposé, nous en autorisons la publication et en recommandons la lecture.

Blois, le 19 février 1863.

† L. Th., évêque de Blois.

BEAUGENCY. — IMPRIMERIE F. RENOU.

VIE

D E

SAINT LÉONARD DE DUNOIS.

CHAPITRE PREMIER.

Premières années de saint Léonard. — Son entrée à Mici. — Il se retire dans une forêt. — Sa chapelle. — Sa cellule.

Saint Léonard naquit vers la fin du ve siècle, de parents nobles et pieux. Fidèle à la voix de la grâce qui l'appelait à une haute perfection, il comprit de bonne heure le néant des choses humaines, et pour se soustraire aux dangers des grandeurs que semblait lui assurer la distinction de ses talents et de sa naissance, il prit la résolution de renoncer à tous ses biens, et d'aller s'enfermer dans le célèbre monastère de Mici, près Orléans, où il avait sans doute fait ses premières études.

Après avoir vécu plusieurs années sous la direction de saint Mesmin, abbé de Mici, comme le constatent d'anciens vers latins cités par l'auteur de la vie de saint Benoît (*ann. S. Ben.*, *sæc.* I), saint Léonard obtint la permission de son saint abbé de quitter la communauté et de se retirer dans la solitude, afin de s'y livrer plus parfaitement à l'exercice continuel de la pénitence et de l'oraison. Beaucoup de religieux agissaient ainsi dans ces temps de ferveur et de foi : pour ne plus penser qu'au ciel, ils abandonnaient avec plaisir le commerce des hommes.

Saint Léonard, parti de Mici, suivit d'abord le cours de la Loire, puis tournant un peu à droite, il vint se fixer à un kilomètre environ de l'ancien fort de Marchenoir, au milieu d'une épaisse forêt, appelée Silvalonie ou *forêt longue*. Cette forêt désignée aujourd'hui sous le nom de *forêt de Marchenoir*, s'étendait alors beaucoup plus au midi, par delà le lieu où a été bâti depuis le bourg de Saint-Léonard, près l'ancien chemin de Blois à Châteaudun. C'est là que notre saint vint fixer son séjour, pour ne plus s'occuper que du salut de son âme. Son ermitage était situé sur un terrain à peu près triangulaire, ayant trente-six mètres de l'est à l'ouest et trente-trois du nord au sud, à l'endroit compris aujourd'hui entre la maison dite de Bel-Air et la maison Lebrun du côté de Marchenoir.

A l'aide de quelques offrandes qui lui furent faites, il avait pu construire, près de sa cellule, une petite chapelle dédiée à saint Étienne, où les fidèles des environs venaient prier avec lui de temps en temps.

C'est dans ce lieu alors sauvage et ombragé par des chênes séculaires, que le vertueux solitaire vécut dans la pauvreté et la pénitence.

CHAPITRE II.

Son austérité. — Sa sainteté.

Tout occupé de son salut éternel, saint Léonard laissait entièrement de côté le soin de son corps. Son habit était simple et grossier ; il marchait nu-pieds et couchait sur un lit composé de branches d'arbres et d'un peu de mousse ; il se nourrissait de racines et de quelques fruits sauvages qu'il ramassait dans la forêt. Comme on doit bien le penser, la sainteté de sa vie ne tarda pas à se répandre aux environs. Bientôt son humble cellule devint le pieux rendez-vous d'une foule de personnes qui venaient de tous côtés se recommander à ses prières. Le voyageur égaré trouvait près du saint un asile et un bon conseil ; l'affligé puisait dans ses discours d'abondantes consolations ; les malades accourus de toutes parts près de lui, s'en retournaient guéris et bénissaient Dieu d'avoir accordé un si grand saint à la contrée. Un grand nombre de pécheurs surtout venaient lui ouvrir leur cœur, et encouragés par ses paroles pleines de foi, ils s'en allaient aussitôt confesser leurs fautes, pour retrouver la paix de la conscience dans le sacrement de la réconciliation.

CHAPITRE III.

Formation du bourg. — Mort du saint.

L'empressement des chrétiens à se rendre à la chapelle de Saint-Étienne où saint Léonard priait avec eux, engagea plusieurs personnes à fixer leur demeure près de la cellule du saint anachorète ; quelques maisons y furent bâties pour recevoir les pèlerins dont le nombre augmentait de jour en jour ; on commença à défricher tout autour pour semer du grain et planter des légumes, et en peu d'années, on vit se former une agglomération de bâtiments qui formèrent plus tard le bourg actuel.

Pendant ce temps-là saint Léonard, dont la réputation s'était accrue en proportion de ses nombreux mérites, était jugé digne par Dieu d'être admis au nombre des bienheureux dans le ciel. Désireux lui-même de posséder celui qu'il avait tant aimé sur la terre, il bénit une dernière fois ceux qui étaient venus implorer le secours de ses prières, et il rendit sa belle âme à Dieu un 8 décembre, dans l'intervalle de l'année 550 à 570. Son corps fut inhumé dans la chapelle de Saint-Étienne qu'il avait si long-temps sanctifiée par ses prières et dans laquelle il avait opéré tant de miracles.

Tous les habitants de Marchenoir et des environs accoururent à ses funérailles et sa sépulture fut inondée des douces larmes de la reconnaissance. A ce moment solennel où le cercueil fut descendu dans le caveau, toutes les pensées se portèrent vers le ciel où venait de monter l'âme d'un père si tendre et d'un si puissant intercesseur.

CHAPITRE IV.

Continuation du pèlerinage. — Augmentation du bourg.

La chapelle de Saint-Étienne, devenue le tombeau de saint Léonard, continua comme auparavant à être de plus en plus fréquentée par les pèlerins. Les pauvres, les malades, les affligés éprouvaient un grand soulagement à chaque fois qu'ils venaient se prosterner sur la tombe vénérée qu'on ne quittait plus qu'avec le désir d'y revenir encore, et chaque jour la réputation de sainteté du vertueux défunt était confirmée par d'éclatants miracles attribués à son intercession.

Cette réputation extraordinaire de sainteté ne demeura pas renfermée dans le Dunois et le Blésois, elle s'étendit jusqu'en des provinces plus éloignées. L'on voit, en effet, dans l'ancien martyrologe d'Auxerre, qui est du Xe siècle, que saint Léonard de Dunois y était honoré et nommé sous la rubrique du 8 décembre.

Cependant le pays, rendu si célèbre par la présence de saint Léonard, se couvrit d'habitations qui se multiplièrent successivement dans toute la contrée, et de nombreux agriculteurs vinrent y apporter les ressources de leur utile industrie. Ainsi fut définitivement formé le bourg actuel qui porta toujours depuis le nom du saint anachorète. La forêt de Silvalonie ou *forêt longue*, dépouillée de ses châtaigniers et de ses chênes antiques, sembla reculer vers le nord pour laisser à découvert un sol impatient de produire de riches moissons. Au centre du nouveau bourg et non loin du tombeau du bienheureux, s'éleva, vers le XIIe siècle, une église spacieuse qui devait plus tard recevoir les précieuses reliques du saint. A un demi-kilomètre de là, se groupèrent les maisons du *Grand Chemin*, moyennant une redevance annuelle au comte de Dunois, pour le prix des matériaux tirés de sa forêt. Le montant de cette redevance devait être versé chaque année *sur la tombe de saint Léonard :* ainsi le portait l'acte de concession, comme on peut le voir encore d'après un bail des revenus domaniaux dans la baronnie de Marchenoir, adjugé judiciairement le 5 octobre 1741. Cette condition, dictée par la piété et la religion, présentait aux yeux de la postérité, le spectacle touchant et sublime de la puissance rendant hommage à la vertu.

CHAPITRE V.

Translation des reliques du saint. — Concours des fidèles. — Actes authentiques.

Les miracles avaient continué pendant plusieurs siècles à se multiplier sur la tombe du bienheureux solitaire, et la confiance des fidèles ne s'était pas ralentie un seul instant. Alors Gaultier, évêque de Chartres, qui, à cette époque, avait juridiction sur le pays Dunois, fit prendre de scrupuleuses informations sur les faits miraculeux attribués à la protection de saint Léonard. Le résultat fut présenté à un conseil spécial, et il fut résolu que les reliques du serviteur de Dieu seraient tirées du tombeau et exposées à la vénération publique.

A cet effet, au commencement du mois de mai de l'année 1226, Gaultier se rendit au bourg de Saint-Léonard, accompagné par l'évêque du Mans et par les abbés de Preuilly en Touraine, de Bonneval en Dunois, de Notre-Dame de Bourg-Moyen de Blois, de Saint-Mesmin de Mici, près Orléans, de Saint-Calais au Maine, et de l'Étoile, près Château-Renaud. Geofroy VI, vicomte de Châteaudun; Névelong, seigneur de Fréteval; Jean, seigneur de Montigny, et plusieurs autres personnes recommandables par leur piété et leur noble origine, se rendirent également à cette grande cérémonie.

Le 10 du même mois, cette illustre assemblée partit processionnellement de l'église paroissiale dès longtemps dédiée sous l'invocation de saint Léonard. Une foule immense de fidèles suivait le cortége religieux qui arriva à la chapelle où reposait le corps du bienheureux depuis environ 700 ans.

Le tombeau fut ouvert en présence de tous les assistants recueillis; l'évêque de Chartres en tira les précieux ossements, les enveloppa avec soin dans un linge et les déposa respectueusement dans une magnifique châsse (*Gallia christ. Eccles. Carnot.* 13ᵉ *s.*). Puis on retourna à l'église en chantant des hymnes de triomphe, pendant que les fidèles se pressaient autour de la châsse portée dévotement par quatre prêtres.

Une sainte et profonde émotion s'était emparée de tous les cœurs; mille actions de grâces s'élevaient en concerts vers le Très-Haut, et chacun, dans sa joie, se croyait transporté au milieu de la cour céleste.

A la fin de la cérémonie, l'évêque Gaultier décréta que, tous les ans, à perpétuité, l'anniversaire de cette translation serait célébré dans l'église de Saint-Léonard. Et il déposa, dans la châsse, un acte authentique constatant l'identité et l'exaltation des reliques. Cet acte, signé par le prélat et par ses vénérables coopérateurs, est daté du 6 des ides de mai (10 mai 1226). Il accorda en même temps trente jours d'indulgences aux fidèles qui visiteraient l'église dans l'année courante et sept jours d'indulgence, à perpétuité, aux personnes qui viendraient en pèlerinage, le jour anniversaire de cette translation, fixé maintenant au 4e dimanche après Pâques, d'après une permission spéciale de Rome.

L'acte authentique de cette concession d'indulgences était relaté, avant la révolution, dans le cartulaire du couvent de Bourg-Moyen de Blois. Il fut communiqué, en 1768, par M. Petit, prieur de Saint-Léonard, à un historien dont le manuscrit existe encore à la bibliothèque de Châteaudun où nous l'avons retrouvé. En voici la traduction :

« A tous ceux qui verront ces présentes let-
« tres, salut en Notre-Seigneur. Faisons savoir
« que nous, levant de terre le corps du bien-
« heureux Léonard, confesseur, qui repose
« maintenant dans une église près Marchenoir,
« avec le révérend père évêque du Mans et avec
« les abbés de Preuilly, de Bonneval, de Saint-
« Mesmin, de l'Étoile, de Saint-Calais et plu-
« sieurs autres, en présence du vicomte de Châ-
« teaudun et des seigneurs de Fréteval, de Mon-
« tigny et autres nobles, avons accordé à tous

« ceux qui viendront en pèlerinage dans l'an-
« née à la dite église, trente jours d'indulgen-
« ce, et de plus sept jours d'indulgence à per-
« pétuité à tous ceux qui viendront en pèleri-
« nage à la même église, le jour anniversaire
« de la translation.

« Donné en l'an de grâce 1226.

« *Signé :* Galtérus. »

CHAPITRE VI.

Abandon de la chapelle de Saint-Étienne. — Ancien cimetière.

Les reliques de saint Léonard étant ainsi trans-
portées dans l'église paroissiale, les fidèles y
allèrent de préférence déposer leurs dons et leurs
offrandes, en même temps qu'ils s'y rendaient
pour invoquer le saint; de sorte que la petite
chapelle de Saint-Étienne cessa d'être entretenue
et tomba bientôt en ruines. On en enleva les
matériaux et on construisit sur le lieu de la sépulture du saint Anachorète, un socle de pierres
de taille, surmonté d'une croix appelée la *Croix
de Saint-Étienne.*

Ce monument, successivement renouvelé quand sa vétusté l'exige, rappelle sans interruption les souvenirs les plus touchants et inspire les plus salutaires réflexions. En l'année 1818, on découvrit autour de cette croix les fondations de l'ancienne chapelle qui avait reçu le corps de saint Leonard. Ces fondations reconnues encore une fois avant leur complète destruction, au mois d'avril 1845, avaient un mètre d'épaisseur et décrivaient le plan d'une petite église de 14 mètres sur 6, dans œuvre. En fixant le point où est située la croix, on reconnaît que le tombeau se trouvait à l'entrée du sanctuaire de la chapelle.

Le terrain environnant ces vestiges fut incontestablement le jardin de l'ermitage. Il devint un cimetière après la mort du saint, et lorsque le bourg fut formé; et longtemps après la translation des reliques, il conservait encore cette destination, simultanément avec l'espace compris autour de l'église actuelle.

La preuve de ce fait résulte des testaments de Simon de Marsault et de Jean Bonnault, habitants de Marchenoir, en date du 25 novembre 1525 et 28 octobre 1530, lesquels demandèrent

2

à être inhumés dans le cimetière de Saint-Étienne. Ces pieux fidèles ne pouvaient avoir aucune raison, en exprimant cette condition, sinon qu'ils désiraient que leurs dépouilles mortelles réposassent auprès du tombeau où saint Léonard avait été inhumé.

C'est sur cet emplacement et sur l'espace libre appelé aujourd'hui *place de Bel-Air*, que se tient chaque année l'importante foire de Saint-Léonard, le lendemain de la fête patronale.

CHAPITRE VII.

Visites officielles des reliques du saint. — Approbations diverses.

L'identité et l'authenticité des reliques de saint Léonard sont fondées sur le procès-verbal de Gaultier, évêque de Chartres, en date du 6 des ides de mai 1226, et déposé dans la châsse. C'est le premier et le plus ancien des actes qui les concernent. Dans la suite plusieurs évêques de Chartres confirmèrent, par leurs approbations, la dévotion des fidèles envers ces reliques. La première visite de la châsse de Saint-Léonard fut faite par l'évêque Louis de Vaucemain, le 11 avril 1353 ; le deuxième par l'archidiacre Leféron qui, avec l'autorisation de son évêque, Jean de Montaigu, transféra les reliques dans une autre châsse plus riche (1) ; la troisième par Léonor d'Étampes de Valençay, le 25 septembre 1634.

Mais cette vénération ne fut pas seulement autorisée par des décisions épiscopales. Le souverain Pontife lui-même parla aussi en sa faveur, et proclama la sainteté du vertueux solitaire, car le pape Clément X envoya une bulle en date du 13 juillet 1671, qui accordait, pendant 7 années, indulgence plénière à tous les fidèles qui visiteraient l'église de Saint-Léonard, le jour de l'anniversaire de la translation des reliques. Nous verrons plus loin un nouveau privilége spirituel accordé par un autre Pape, dans des temps beaucoup plus récents.

Le dimanche 8 février, en vertu d'une ordonnance de Jean-François Lefèvre de Caumartin, deuxième évêque de Blois, messieurs Morlet et Ollivier, prieur, curé et vicaire de Saint-Léonard,

(1) Cette translation des reliques de la 1re châsse dans un autre châsse eut lieu en 1394.

ouvrirent solennellement la châsse, en présence des sieurs Nicolas Bournigalle et Laurent Hulault, fabriciens, et d'un nombre considérable d'assistants. Ils compulsèrent tous les actes qui y étaient renfermés et en présentèrent l'analyse au supérieur ecclésiastique. Muni de ces documents, qui sont encore aujourd'hui dans la châsse, le prélat fit insérer dans le nouveau bréviaire qui parut en 1737, la leçon suivante dont nous donnons la traduction :

« 10 mai, fête de saint Léonard, anachorète,
« leçon deuxième. — On célèbre la mémoire du
« bienheureux Léonard, anachorète, dans le
« Blésois, près le *Lac Noir* (Marchais Noir, Mar-
« chenoir), où existe une église paroissiale con-
« sacrée sous son invocation. Dans cette église
« repose son corps sacré, depuis l'an 1226, où
« il fut levé d'une chapelle voisine, bâtie sur
« sa tombe, et renfermé dans une châsse, pour
« être exposé à la vénération des fidèles. Cette
« translation fut très-solennelle. Les évêques de
« Chartres et du Mans, ainsi que plusieurs abbés
« avec le vicomte Dunois et une foule d'autres,
« tous distingués par leur naissance et leur piété,
« y assistèrent. Depuis on vit s'accroître de jour

« en jour la confiance et la vénération envers
« ce saint, et les habitants de ce pays ont éprou-
« vé souvent les effets de sa protection, en di-
« verses circonstances. »

CHAPITRE VIII.

Description et inauguration d'une nouvelle châsse.

La seconde châsse, inaugurée le 10 mai 1394,
comme nous l'avons dit plus haut, était de cuivre
doré et avait la forme d'une petite église, suivant la coutume de cette époque. Mais ses ornements extérieurs ayant semblé d'un goût su-
ranné en 1772, ce monument de près de 400 ans
fut alors remplacé par un troisième reliquaire
plus éclatant et plus moderne. Cette troisième
châsse que l'église possède encore aujourd'hui,
est de bois doré et sculpté, et de forme quadran-
gulaire. Du sommet des quatre angles s'élèvent
des palmes dorées qui, se réunissant avec élé-
gance, forment un couronnement gracieux surmonté d'un globe et d'une croix. Dans les côtés
sont pratiquées deux ouvertures parallèles, de

figure ovale, ayant 25 centimètres de haut sur 55 de large. Ces ouvertures munies d'un léger grillage, sont hermétiquement closes par des glaces incrustées en dedans. On voit dans l'intérieur, les reliques attachées par des fils d'or et posées sur des coussins qui s'élèvent en forme de calvaire sous lequel sont conservés les titres et procès-verbaux. La confection et l'achat de cette châsse furent confiés à un ecclésiastique né à Saint-Léonard, Pierre-Jacques Martellière, alors professeur au collége d'Harcourt, qui voulut bien se charger d'inspecter les travaux et qui contribua notablement à la dépense.

L'inauguration de ce nouveau reliquaire eut lieu le 2 juin 1772. A cette mémorable cérémonie assistèrent Pierre-Joseph de Cremeaux d'Entragues, abbé commendataire du Petit Citeaux, les religieux de cette abbaye, les ecclésiastiques des environs, les gentilshommes, les magistrats et toutes les personnes de considération dans le pays. Une multitude de fidèles accourus de toutes parts, remplissait les avenues de l'église, et il fallut mettre, aux portes du chœur, plusieurs gendarmes, tant était grand l'empressement autour des saintes reliques qu'on n'avait point

encore pu contempler depuis si longtemps. La
messe solennelle fut célébrée par M. l'abbé
Brisset, curé de Villebarou, originaire de Saint-
Léonard, qui donna la sainte communion à un
grand nombre de ses compatriotes. Le panégyrique fut prononcé par M. l'abbé Buscheron,
vicaire, qui communiqua à tous ses auditeurs
le saint enthousiasme dont il était pénétré lui-
même. Ce grand jour fut pour toute la paroisse
un jour d'édification et de bonheur dont le sou-
venir demeura longtemps gravé dans les cœurs.

CHAPITRE IX.

Visite de Mgr de Thémines en 1778. — Profanation des
reliques en 1794. — Pieux dévouement pour les conserver.

Le 27 avril 1778, Alexandre-Amédée de Lau-
zières de Thémines, cinquième évêque de Blois,
visitant son diocèse, arriva à Saint-Léonard et
fit la visite de la châsse. Il examina lui-même
tous les actes et titres, et concluant de ces pièces
que le culte des reliques du bienheureux solitaire était fondé sur des faits avérés, et autorisé

par des décisions compétentes et irrécusables, il ordonna qu'elles continueraient d'être exposées à la véneration des fidèles. L'acte de cette visite est signé : « † Alex., év. de Blois.

« Par Monseigneur,

« *Signé* : Pointeau. »

Ce décret ne contribua pas peu à augmenter encore l'antique dévotion aux reliques de saint Léonard. Vingt années s'écoulèrent sans qu'elle diminuât dans le cœur des fidèles.

Mais arriva l'ère de la révolution, époque à jamais déplorable en raison de ses crimes et de ses odieux sacriléges. Déjà l'église de Saint-Léonard avait été dépouillée de ses autels, de ses vases sacrés, de ses ornements, de ses livres liturgiques, de ses stalles antiques et de ses cloches dont l'harmonie servait à rehausser naguères l'éclat de ses solennités. Toutefois elle était riche encore tant qu'elle possédait dans ses murs désolés, les vénérables restes du serviteur de Dieu.

En 1794, le 26 avril, un homme redouté par son caractère et par ses fonctions, se présente chez l'instituteur Jean Bournigalle, dépositaire des clefs de l'église. L'impie révolutionnaire se fait ouvrir une porte, et marchant droit à la châsse, il la précipite avec un crochet de fer, sur le pavé du temple de l'endroit où elle était placée. Par une heureuse providence, il ne résulta de cette chute qu'une légère exfoliation de la dorure d'un des angles. Les saintes reliques sont arrachées et dispersées autour de lui, et la châsse est sortie de l'église pour être transportée à Mer, chef-lieu du district.

Cependant il était réservé à une famille héréditairement honnête et chrétienne, de sauver l'objet précieux d'une antique vénération. Le pieux instituteur Jean Bournigalle, gardien fidèle du temple dévasté, une fois rentré dans sa maison, forma le projet, avec sa femme Anne Chapon et son fils Nicolas Bournigalle, de sauver au moins quelques reliques de leur saint patron, même au péril de leur vie.

A minuit, la pieuse famille se rend à l'église qui avait été fermée aussitôt après le départ du profanateur et où par conséquent ils trouvèrent tout dans le même état. Ils recueillent une partie considérable des reliques dans un linge précieux, prennent la plupart des titres et notamment le procès-verbal de 1226, puis ils sortent mystérieusement et vont déposer les reliques dans un lieu sûr et caché, où ils les conservèrent avec soin, en attendant des temps meilleurs.

CHAPITRE X.

Les reliques sont rendues et remises dans la châsse avec les anciens titres conservés. — Témoignages authentiques. — Châsse scellée.

Quelques années après, l'irréligion fatiguée elle-même de ses sacriléges et de ses persécutions, sembla se relâcher de ses fureurs, et l'on cessa du moins de donner la mort aux adorateurs du vrai Dieu.

Cependant il tardait à la famille Bournigalle d'assurer aux reliques conservées par elle, le culte et la vénération des anciens temps. Dans cette vue, au printemps de l'année 1797, elle révéla son secret à M. Athanase Claudinot qui résidait alors dans la paroisse et qui depuis fut curé de Marchenoir. De son côté, un des plus estimables habitants de Saint-Léonard, M. Jean-

Thomas Marteau, maire de la commune, s'empressa de rechercher la châsse, pour la rendre à sa destination. On la retrouva chez un habitant de Mer à qui elle avait été vendue et qui voulut bien la céder.

Cette même année 1797, deux prêtres envoyés par l'autorité diocésaine, M. Ange Chenu de la Chaussée Saint-Victor, depuis curé de Chitenay et de Montoire, et M. Boucher, mort quelque temps après, arrivèrent à Saint-Léonard à l'époque de l'anniversaire de la translation, afin de reconnaître les reliques sauvées.

La famille Bournigalle fut entendue, elle fit le récit des faits et les affirma par serment. Elle remit les reliques dérobées par elle lors de la profanation, et en assura l'identité. Ces reliques consistaient en un grand os appelé *femur*, quatre autres moins grands appelés vertèbres, et divers ossements rompus et déformés, auxquels tenaient encore les fils d'or qui attachaient les anciens cachets. Ce sont les mêmes que nous possédons aujourd'hui.

La pieuse famille représenta enfin les titres qui accompagnaient ces reliques et dont personne ne pouvait contester l'authenticité. Un procès-verbal de toutes ces circonstances fut rédigé, signé et joint aux autres titres représentés. Toutes ces pièces, ainsi que les reliques, furent replacées dans la châsse qui fut refermée et scellée, suivant les prescriptions ordinaires, par les commissaires ecclésiastiques.

Plus tard, en 1822, M. Bricque, desservant de Saint-Léonard, fit composer, de concert avec le conseil de fabrique, une dissertation en règle appuyée sur des pièces justificatives, afin d'établir de nouveau et de confirmer l'identité et l'authenticité des reliques de saint Léonard. Cette dissertation devait être envoyée à Monseigneur l'évêque d'Orléans, chargé alors du diocèse de Blois, avec prière à Sa Grandeur de *statuer définitivement en connaissance de cause* sur l'identité et l'authenticité desdites reliques. Avant de l'expédier, lecture en fut faite à haute voix le 29 septembre 1822, dans l'église paroissiale, autour du banc d'œuvre, à l'issue de la messe, en présence du desservant, des fabriciens et des paroissiens de Saint-Léonard.

Toute l'assemblée adhéra d'esprit et de cœur à tout ce qui était dit dans cette pièce, et tous les membres présents donnèrent leur signature en signe de leur adhésion. Parmi ces nombreuses signatures, nous citerons seulement les suivantes : Marteau, maire. — Mestivier, adjoint. — Perseval. — Ballon. — Gourdin, âgé de 86 ans. — L. Bourdon. — Rossignol. — Cochet. — Cornet. — Jules Marteau. — Bouchet. — Plateau. — Thévot. — L. Chamot. — L. Raimbault. — Chartier. — Nicolas Mulard. — Victor Herbelin. — Hamelin. — Gabilleau. — Dubreuil. — Terrier. — Dutemple. — Provandier fils. — E. Vrain. — Bournigalle. — Butard. — Venot. — Bidier. — Péan. — Laigret. — Baillou. — Dupré. — Pierre Thomas. — Silvin Gourdin. — Lablée. — P. Guilbert. — Coutanceau. — Auzilleau. — Régien. — Coignet. — Gauthier. — Charpignon. — Revaux. — L. Riboreau. — Louis Ombredanne. — Beauclair. — Laroche. — Hugé. — Coutard. — J. Tondereau. — Mettais. — J.-B. Leroux. — J.-J. Thevot.

Bricque, desservant de Saint-Léonard.

A l'envoi de cette dissertation, on joignit une pétition, à Monseigneur d'Orléans, pour qu'il voulût bien l'examiner. Cette pétition était ainsi conçue :

« Monseigneur,

« Les desservant et fabriciens de Saint-Léo-
« nard soussignés, exposent très-humblement
« à Votre Grandeur que les reliques de leur
« saint patron furent solennellement exposées
« à la vénération des fidèles, en l'année 1226,
« et vérifiées en 1353, 1394, 1634, 1733, 1772
« et 1778. Ces reliques furent profanées en 1794,
« et toutefois une famille pieuse en déroba une
« partie à la profanation. Soigneusement con-
« servés pendant trois ans, ces précieux débris
« furent confiés, le 14 mai 1797, à deux prêtres
« qui en dressèrent procès-verbal et renfermè-
« rent le tout dans la châsse, sous un scellé de-
« meuré intact jusqu'à présent. A ces causes,
« les exposants. cédant au vœu unanime de
« toute la contrée, et au témoignage de leur
« propre conviction, ont l'honneur de vous pré-
« senter, Monseigneur, une dissertation appuyée
« de pièces justificatives concernant l'authenti-
« cité des reliques de saint Léonard, et l'iden-

« tité de celles qui sont actuellement sous le
« scellé; suppliant Votre Grandeur d'ordonner
« qu'elles soient, comme avant la profanation,
« exposées à la vénération des fidèles.

« Les exposants sont avec le plus profond res-
« pect, Monseigneur, de Votre Grandeur, les
« très-humbles, etc.

Signé : « BRICQUE, desserv. de Saint-Léonard.
    « MARTEAU, maire. — VENOT, trésorier. —
    « HULAUT. — BAILLOU. — COCHET. —
    « BIDIÉ. »

CHAPITRE XI.

Approbation définitive des reliques.—Pièces justificatives.

Sur ces entrefaites, Monseigneur Philippe-
François de Sausin fut nommé à l'évêché de
Blois, et dès lors Monseigneur d'Orléans, ces-
sant d'administrer ce diocèse, voulut lui re-
mettre, comme lui appartenant, l'affaire en
question. Il fit donc renvoyer la dissertation sur
les reliques et la pétition des habitants de Saint-
Léonard, aux vicaires capitulaires de Blois, en

les priant de soumettre ces pièces à la décision du nouvel évêque, une fois qu'il aurait pris possession de son siége. On agit conformément à cet ordre, et quelque temps après, Monseigneur de Sausin, ayant pris connaissance des faits et examiné les pièces, envoya à Saint-Léonard, au mois de mai 1824, son grand vicaire, M. l'abbé Guillois, avec mission d'approuver les reliqnes et de sceller la châsse de son sceau épiscopal. Voici la teneur du procès-verbal qui fut dressé par lui à cette occasion : « Le quinzième jour
« du mois de mai 1824, nous, Jean Guillois,
« prêtre, vicaire général du diocèse de Blois,
« commis par Monseigneur Philippe-François
« de Sausin, évêque de Blois, à l'effet d'appo-
« ser son sceau sur la châsse qui renferme la
« portion des reliques de Saint-Léonard, qui a
« été soustraite à la profanation, 1794 au mois
« d'avril, reliques dont Monseigneur a reconnu
« l'identité et l'authenticité, et dont il permet
« l'exposition à la vénération des fidèles, dans
« l'église paroissiale de Saint-Léonard, et dans
« toute l'étendue du diocèse, ainsi qu'il appert
« par les lettres de commission à nous accor-
« dées, par mondit seigneur évêque, le 22 avril,

« de l'an de grâce 1824, nous sommes trans-
« porté dans ladite église paroissiale de Saint-
« Léonard, avons appelé pour témoins M. Atha-
« nase-Augustin Claudinot, curé de Marchenoir,
« desservant en même temps Saint-Léonard,
« M. Jean-Pierre Chesnier, curé desservant de
« Conan, canton de Marchenoir, J. Thomas
« Marteau et Jean Mestivier son adjoint, René
« Venot, président du conseil de fabrique, Jean
« Hulaut, trésorier, Thomas Bidier, J.-B. Bail-
« lou, tous du conseil de la fabrique, MM. Pro-
« vandier père et fils, chirurgiens, Jacques
« Bournigalle, sacristain, et autres notables de
« la paroisse qui se sont trouvés en grand nom-
« bre, avons ensuite fait descendre la châsse
« renfermée dans une armoire, l'avons fait ou-
« vrir et y avons déposé, sous les coussins qui
« supportent les reliques, la minute de l'ordon-
« nance de Monseigneur l'évêque de Blois, plus
« celle du présent procès-verbal, après en avoir
« extrait la minute du procès-verbal dressé en
« 1779 par MM. Bouchet et Chenu, prêtres commis
« par l'évêque constitutionnel, pour reconnaître
« l'identité des reliques soustraites à la profa-
« nation, laquelle minute nous avons joint aux

3

« autres pièces qui constatent l'authenticité et
« l'identité de ces mêmes reliques, pour être
« ensemble déposées au secrétariat de l'évêché
« de Blois, pour y avoir recours au besoin. Enfin
« avons fait fermer la châsse, l'avons scellée de
« deux bandes de cuir rouge que nous avons
« fait clouer et y avons apposé le sceau de
« l'évêque de Blois.

« En foi de quoi nous avons signé avec les
« témoins susnommés.

« Fait au banc de l'œuvre de Saint-Léonard,
« les jour, mois et an que dessus.

« *Signé* : GUILLOIS, pr. vicaire gén.

« Athan. Claudinot, curé de Marchenoir. —
« Chesnier, dess. de Conan. — Marteau, maire.
« — Mestivier. — Bidier. — Venot. — Bour-
« nigalle. — Provandier père. — Provandier
« fils. — Baillou. — Hulaut, trésorier. — Jules
« Marteau. — Garret. — Butard. — Perseval
« Ballon. — Dupré. — Vrain. — Perseval
« Étienne. — Bourdon, etc... »

Avant de terminer ce chapitre, il ne sera pas
sans intérêt de citer diverses pièces relatives
aux personnes mentionnées dans la dissertation

sur l'identité et l'authenticité des reliques de Saint-Léonard.

Disons d'abord que les déclarations renouvelées par la veuve Bournigalle en 1822, sur la conservation des reliques furent attestées devant M. Rousseau, juge de paix à Marchenoir, qui signa lui-même la déposition, avec Bournigalle fils, greffier de la mairie de Saint-Léonard, et M. Bricque, desservant, et M. Marteau, maire. — En marge de l'acte est écrit : « registré à Marchenoir, le 30 août 1822, fol. 122...

Nous pensons devoir aussi donner la copie du certificat de M. Provandier, en date du 26 août 1822, constatant que les reliques sauvées sont *identiquement* une partie de celles qui étaient dans la châsse, avant la profanation. Le voici :

« Je soussigné J.-Marie-Philippe Provandier, « chirurgien, âgé de 49 ans, demeurant à Saint- « Léonard, patenté le 14 décembre dernier, « n° 4 (1821), certifie qu'au mois d'avril 1794, « je me trouvai dans l'église de Saint-Léonard, « au moment où la châsse fut ouverte et pro- « fanée ; que faisant, à cette époque, un cours « spécial d'ostéologie, j'examinai attentivement

« les reliques que j'avais vues précédemment
« dans la châsse et que je voyais encore être les
« mêmes en ce moment, lesquelles sont un fémur,
« quatre vertèbres et plusieurs os fracturés et
« déformés ; que ces mêmes ossements sauvés
« par le sieur Bournigalle et remis par lui à
« MM. Boucher et Chenu, prêtres, sont à pré-
« sent sous le scellé dans la châsse, qu'ils sont
« les mêmes que ceux que j'avais vus et consi-
« dérés, tant au moment de la profanation, hors
« la châsse, qu'antérieurement à la profanation,
« dans la châsse même..., d'où je conclus que
« les reliques, qui sont renfermées actuellement
« dans la châsse, sont réellement et identique-
« ment une partie de celles qui étaient renfer-
« mées dans cette châsse avant la profana-
« tion. »

« Saint-Léonard, ce 26 août 1822. »

« *Signé* : PROVANDIER fils, chirurg. »

Suit la signature de M. Marteau, maire, ac-
compagnée du cachet de la mairie.

Enfin nous terminerons par la citation du
certificat de M. Péan, juge au tribunal civil de

Blois, constatant l'ancienneté et l'honnêteté de
la famille Bournigalle, en date du 25 août 1822 :

« Je soussigné Gentien-Alexandre Péan, juge,
« né à Marchenoir, le 18 mars 1765, certifie
« avoir personnellement connu feu le sieur Jean
« Bournigalle, né le 10 janvier 1740, décédé
« instituteur et sacristain à Saint-Léonard le
« 5 mars 1800, il avait succédé à son père Nicolas
« Bournigalle dans cette métairie, il en était
« encore fermier en 1778... Nicolas Bournigalle
« fut un homme probe, religieux et bienfai-
« sant ; il y a encore à Saint-Léonard des vieil-
« lards qui l'ont connu pour tel.

« Il me conviendrait peu de faire l'apologie
« d'une famille si estimée et si recommandable.
« Je joindrai donc mon modeste suffrage à ceux
« d'une population nombreuse, sans chercher à
« enchérir sur les éloges qu'on a, dans tous les
« temps, donnés à tous les individus de la fa-
« mille Bournigalle. Toutefois je ne puis me
« dispenser de dire qu'il appartenait à un Bour-
« nigalle de dérober aux fureurs de l'impiété,
« quelques-unes des reliques qu'on vénère de-
« puis tant de siècles, dans la paroisse de Saint-
« Léonard et dans tous les pays environnants,

« et j'ai assez connu le caractère de feu Jean
« Bournigalle, pour être convaincu qu'il était
« incapable de tromper personne, en aucune
« circonstance, et que sa déclaration sur l'iden-
« tité des reliques par lui représentées comme
« provenant de la châsse de Saint-Léonard, était
« de toute sincérité.

« Fait à Blois, le 25 août 1822.

« *Signé :* A. PÉAN. »

Grâce à la divine providence et au dévouement d'une pieuse famille, la paroisse de Saint-
Léonard possède encore, malgré toutes ses per-
tes, un trésor inestimable. Plus heureuse que
tant de cités florissantes, qui furent dépouillées
de toutes leurs richesses spirituelles, elle a pu
conserver une bonne partie des reliques de son
saint patron.

Puissent ses estimables habitants conserver
aussi toujours les sentiments religieux et les
vertus chrétiennes qui les ont distingués dans
tous les temps! Puissent-ils mériter, par leur
fidélité à tous les commandements de Dieu et
par leur attachement à la sainte église de Jésus-

Christ, d'aller rejoindre dans le ciel leur saint et puissant protecteur !...

A. Mouzé.

CHAPITRE XII.

Antiquité et utilité des pèlerinages ou voyages. — Maladies particulières guéries par l'intercession de saint Léonard. — Ancien hospice. — Indulgences accordées aux pèlerins. — Fête patronale.

L'usage de se rendre en des lieux particuliers, devenus célèbres par la protection de quelques saints, pour y obtenir des faveurs spirituelles, remonte à la plus haute antiquité. Dieu qui dispense toujours ses dons librement, a voulu se réserver d'accorder ses grâces à certaines conditions ; et personne ne peut trouver indigne de lui qu'il se laisse plus facilement toucher par les prières de ses saints, quand on vient les invoquer dans l'endroit même où ils ont vécu, ou que, du moins, ils ont choisi pour y exercer leur protection bienfaisante.

Ainsi s'établit tout d'abord l'usage de visiter les *lieux saints* à Jérusalem, usage si en vogue au moyen âge. Puis ensuite se formèrent successivement les pèlerinages aux tombeaux de saint Pierre et de saint Paul à Rome, de saint Martin à Tours, de saint Jacques à Compostelle, de sainte Radegonde à Poitiers, de Notre-Dame de Lorette, etc., et tant d'autres lieux de dévotion que nous ne pouvons passer ici en revue.

Remarquons en passant que les pèlerinages eurent une utilité incontestable, même au point de vue purement national et social. Ils favorisaient le commerce, rendaient les communications plus faciles et plus sûres, et développaient le sens moral des peuples en opérant un échange continuel d'idées entre des provinces ou des localités qui autrement auraient vécu dans un complet isolement.

Le pèlerinage de Saint-Léonard commença comme tous les autres, par la renommée d'une foule de miracles opérés sur le tombeau du Bienheureux. Les pèlerins se redisaient les uns aux autres les faveurs qu'ils avaient obtenues pour eux ou pour d'autres, et alors la confiance devenait toujours de plus en plus grande d'années en années.

On remarqua que certaines maladies étaient presque toujours guéries quand on venait implorer le nom de saint Léonard, tandis qu'elles ne l'étaient pas dans d'autres lieux de dévotion.

Parmi ces maladies que l'expérience des pèlerins a spécialement désignées, on doit signaler l'épilepsie ou *haut mal*, certains affaiblissements du cerveau causés par des excès quelconques, la peur et les frayeurs des enfants ou des grandes personnes, les inquiétudes de conscience et les scrupules exagérés, certaines dispositions à l'ennui, à la mélancolie et à l'irritation de caractère, certains désordres de santé causés chez les femmes par des impressions trop vives, etc.

Avant l'établissement des maisons dites *de santé* où sont maintenant placés beaucoup de malades qui souvent pourraient obtenir leur guérison par le moyen des prières, on voyait à Saint-Léonard, près de l'Église, une sorte de petit hospice destiné aux pèlerins venus de pays très-éloignés. Ils restaient là pendant neuf jours, afin de faire leur neuvaine à l'église. Chaque jour ils assistaient à la messe et faisaient brûler un cierge (1) à l'autel du saint, devant la châsse, après avoir fait réciter sur eux l'évangile de la fête.

Pour augmenter la confiance et la dévotion des pèlerins envers saint Léonard, le souverain-pontife Grégoire XVI accorda des indulgences par un bref émané de la Sacrée congrégation, dont nous allons donner le texte :

« Notre S. P. le Pape Grégoire XVI, accorde « indulgence plénière à tous les fidèles de l'un « et l'autre sexe qui, vraiment pénitents et après « avoir participé à la sainte eucharistie, visite- « ront l'église paroissale de Saint-Léonard de « Dunois, le jour de la fête de son saint patron « ou un des jours de l'octave de cette fête, et « y prieront quelque temps, suivant les inten- « tions de Sa Sainteté. On pourra gagner une « fois seulement cette indulgence, depuis les

(1) L'usage de faire ainsi brûler des cierges était si général que, suivant un registre de la fabrique, elle vendit une année, le jour de la fête seulement, pour 80 fr. de petites bougies de cire qui ne se payaient que cinq centimes la pièce. Ce qui faisait environ 1,600 cierges dans la journée.

« premières vêpres jusqu'au soir du dernier
« jour de l'octave.

« De plus, notre Saint Père accorde une in-
« dulgence de trois cents jours à tous ceux qui,
« le cœur au moins contrit de leurs péchés, as-
« sisteront dévotement à la neuvaine célébrée
« dans la dite église et y prieront comme il est
« dit plus haut. Cette indulgence est accordée
« pour chaque fois qu'on assistera aux prières
« de la neuvaine avec les dispositions présentes.

« Le présent indult aura son effet à perpé-
« tuité, sans qu'il soit besoin d'expédier un
« autre bref.

« Donné à Rome, au secrétariat de la Sacrée
« congrégation des indulgences, le 11 août 1843.

« *Signé* : † Gabriel FERRETI, pr. de
la Sacrée congr. »

L'obtention de ce précieux indult est due à
la pieuse sollicitude de M. Aubry, alors desservant de Saint-Léonard, et depuis curé de Marchenoir.

Tous les ans, la veille du quatrième dimanche après Pâques, on expose la châsse au milieu
du chœur sur une estrade décemment ornée où

elle reste ainsi exposée pendant plusieurs semaines. Le lendemain, jour de grande fête pour toute la contrée, le clergé et le peuple, précédés de la châsse, vont processionnellement faire une pieuse station à la *Croix de Saint-Étienne.*

Cette cérémonie est des plus édifiantes : dès le matin, la cloche proclame au loin la solennité ; l'église se remplit de nombreux pèlerins qui se pressent autour des reliques et prient avec ferveur. Vers neuf heures, la procession sort de l'église à travers une multitude extraordinaire d'étrangers de tout âge et de toute condition. La marche est ouverte par l'étendard de la croix et par la bannière paroissiale suivie des diverses confréries. Des jeunes gens, revêtus d'aubes éclatantes, portent sur leurs épaules les restes vénérés du patriarche de la contrée, pendant que les chantres modulent alternativement les hymnes de leurs ancêtres, concert pieux et touchant qu'accompagne le son grave et solennel de la cloche.

Arrivé à la *Croix de Saint-Étienne,* le cortége se déploie autour du lieu où vécut et mourut le bienheureux Léonard. D'autres chants se font entendre, et lorsque le célébrant récite la dernière oraison sur le peuple, mille prières ferventes s'élèvent de tous les cœurs vers le ciel. La procession rentre dans le même ordre. Alors la chaire chrétienne retentit des merveilles du Tout-Puissant et le panégyrique du glorieux patron de la paroisse, dispose l'auditoire à saluer, dans une profonde adoration, le maître de l'univers qui va descendre sur l'autel pour le salut du genre humain.

Après la messe, on se presse encore autour des reliques; une foule remplace une autre foule. Chacun passe dévotement sous la châsse en priant et en se recommandant à la protection du saint.

Note spéciale. — Les reliques de saint Léonard furent quelquefois portées en procession dans les calamités publiques. Ainsi au printemps de l'année 1723, une sécheresse extrême faisait périr les moissons naissantes. Le 12 mai, la paroisse porta processionnellement les reliques jusqu'au sanctuaire de Notre-Dame des Aides, dans l'église de Saint-Saturnin de Vienne, à Blois. Après la station, la procession remonta jusqu'au Bourg-Neuf où la châsse fut déposée dans l'église des Véroniques (1), et chacun alla se reposer. Pendant tout le jour, l'air avait été sec

(1) Aujourd'hui le couvent des Ursulines.

et brûlant, et le ciel avait été constamment sans nuages. Tout à coup il survint une pluie abondante qui tomba·pendant toute la nuit. Les témoins de ce phénomène ont assuré, dit M. Péan, que de mémoire d'homme on n'avait pas éprouvé une transition aussi subite d'un hâle excessif et dévorant, à une température douce et favorable à la végétation.

Le lendemain, la procession repartit de Blois. Une messe d'actions de grâces fut célébrée en passant à Saint-Bohaire, par M. Saurin, vicaire de Saint-Léonard, et dans la journée, la châsse rentra dans l'église paroissiale, au milieu d'un peuple reconnaissant et prosterné.

Cet événement extraordinaire, transmis par les contemporains à la génération actuelle, fut consigné dans un registre particulier du sieur Nicolas Bournigalle qui assistait à cette procession.

CHAPITRE XIII.

Manière de bien profiter de son pèlerinage ou *voyage*. — Neuvaine à saint Léonard. — Cantique.

La meilleure manière de bien profiter du pieux voyage que l'on entreprend pour obtenir quelque grâce, serait certainement de s'y préparer par la confession et de communier à la messe que l'on entend dans l'église où l'on va en pèlerinage. En effet, plus on est en grâce avec Dieu, plus on est sûr d'obtenir ce qu'on lui demande par l'intercession de ses saints. Si pour une raison ou pour une autre on ne peut remplir ces conditions, il faut avoir soin, au moins, de réciter un acte de contrition, avant de se faire dire l'évangile du saint. Puis on va prier pendant quelques instants devant les reliques contenues dans la châsse à laquelle on peut faire toucher un cordon ou un linge bénit qui devra être porté par la personne malade.

On fera bien aussi de faire chez soi ou à l'église, si on le peut, des prières et des oraisons particulières, afin d'être plus sûrement exaucé.

Pour cela, on pourra se servir de la neuvaine suivante :

PREMIER JOUR.

Pensée de la mort.

Le moyen le plus sûr d'arriver au ciel, c'est de penser de loin à la mort et de la regarder toujours comme très-proche de nous ; c'est de considérer chacune de nos journées comme la dernière de notre vie et de faire toutes nos actions comme si nous devions bientôt en rendre compte à Dieu. Il ne suffit pas de se lever, de se coucher, de boire, de manger, de travailler, de gagner de l'argent, il faut encore et surtout servir Dieu fidèlement, or on oublie facilement ses devoirs, si on néglige de penser à la mort, car on s'imagine que l'on vivra toujours et on ne travaille que pour la terre et point pour le ciel. Pensez donc souvent à la mort et vous serez plus fidèles à vos devoirs.

PRIÈRE.

O saint Léonard qui étiez mort au monde et à vous-même, accordez-nous de vivre saintement, afin de mériter le ciel après notre mort. (*Réciter les litanies,* p. 55).

DEUXIÈME JOUR.
Du jugement.

Dès que l'homme est mort, son âme, dégagée du corps, va paraître devant Dieu pour être jugée. Elle voit alors clairement toutes ses fautes, toutes ses mauvaises pensées, toutes ses mauvaises paroles, tous ses mauvais désirs. Le Seigneur, après la mort, demande compte au pécheur, non-seulement du mal qu'il a fait, mais encore du bien qu'il n'a pas fait et qu'il aurait dû faire. C'est donc à nous à travailler si bien à notre salut que notre jugement nous soit favorable.

PRIÈRE.

O grand saint qui avez mérité d'être jugé favorablement, parce que vous avez préféré l'amour de Dieu à l'amour des créatures, accordez-nous de vivre dans la charité, afin que nous évitions les rigueurs du jugement qui attend le pécheur après sa mort. (*Réciter les litanies,* page 55).

TROISIÈME JOUR.

Du ciel.

Il y a un paradis pour les bons, personne n'en peut douter; c'est à nous d'entrer dans le chemin qui y conduit et de faire ce que Dieu demande pour y arriver. Personne ne sera couronné, dit l'apôtre, qu'après avoir vaillamment combattu. Nous avons une foule d'ennemis qui s'acharnent à notre perte : résistons leur en face, et avec l'aide de Dieu, nous serons victorieux. Nous ne pouvons servir deux maîtres, Jésus-Christ et le monde. Laissons le monde pour nous donner à Jésus-Christ.

PRIÈRE.

O grand saint Léonard qui avez eu le ciel en vue durant toute votre vie, accordez-nous de mépriser les choses d'ici-bas, afin que fixant nos regards sur notre véritable patrie, nous puissions aller contempler Dieu avec vous durant l'éternité. (*Réciter les litanies*, page 55).

QUATRIÈME JOUR.

De l'enfer.

O enfer! ô demeure effroyable! ô mer de tourments! ne voir que feu, ne toucher que feu, ne respirer que feu, ne marcher et ne coucher que dans le feu, n'être qu'avec les démons qui ne sont que des esprits de feu, voilà la position des damnés. Quel malheur de mériter l'enfer par sa lâcheté et son indifférence!

PRIÈRE.

O grand saint! qui avez eu le bonheur d'éviter l'enfer par votre courage et votre vertu, accordez-nous d'abord la guérison de nos âmes, avant celle de nos corps, afin que nous ne tombions pas pour l'éternité dans les abîmes de l'enfer. (*Réciter les litanies*, page 55).

CINQUIÈME JOUR.

Observation des Commandements.

Rappelons-nous que Dieu envoie souvent des maladies, des afflictions, des malheurs, parceque nous n'observons pas bien tous ses commandements. Nous croyons toujours en avoir assez fait pour lui, tandis que lui il n'a rien laissé à faire pour notre salut. Il nous a donné des commandements et nous sommes quelquefois assez ingrats pour ne pas nous y soumettre. Ne nous étonnons pas s'il nous châtie après toutes nos négligences, mais humilions-nous sous sa main puissante et soyons heureux de lui obéir en toutes choses.

PRIÈRE.

O Dieu! qui avez inspiré à saint Léonard un si grand respect pour vos adorables commandements, accordez-nous la grâce d'avoir désormais plus de force pour vous obéir et un cou-

rage inébranlable pour accomplir votre sainte
volonté. (*Réciter les litanies,* page 55),

SIXIÈME JOUR.

Mépris du monde,

On se laisse quelquefois arrêter dans le service
de Dieu, par la crainte des autres; on a peur
de ce qu'ils diront, si on remplit ses devoirs
de chrétien. Cette crainte n'est pas digne d'un
homme. Peut-on avoir peur de bien faire?
N'est-ce pas une lâcheté d'avoir honte de servir
Dieu? Ayons désormais plus de courage et ne
nous laissons point arrêter par les paroles des
autres. Nous aurons à rendre compte de notre
propre conduite sans nous occuper de celle des
autres.

PRIÈRE.

O Jésus qui avez éclairé saint Léonard de
vos divines lumières! aidez-nous à vaincre le
respect humain, afin qu'aucune considération
humaine ne nous arrête dans votre service. (*Réciter les litanies,* page 55).

SEPTIÈME JOUR.

L'Humilité.

L'humilité chrétienne est aussi rare chez les petits que parmi les grands. C'est la vertu la plus difficile à acquérir, comme aussi la plus nécessaire et la plus féconde. Nous devons travailler à l'acquérir en nous soumettant à la volonté de Dieu dans les moments les plus difficiles de notre vie. Une fois en possession de l'humilité, nous ne tarderons pas à obtenir toutes les autres vertus.

PRIÈRE.

O Dieu qui êtes la gloire des humbles ! accordez-nous de marcher sur les traces de saint Léonard qui pratiqua si parfaitement l'humilité, afin que nous humiliant à son exemple sur la terre, nous soyons comme lui exaltés dans les cieux. (*Réciter les litanies*, page 55).

HUITIÈME JOUR.

Sainte Communion.

Jésus-Christ est dans la sainte Eucharistie, et il nous invite à aller le recevoir dans le sacrement de son amour. Mais, chose étonnante, un grand nombre de chrétiens demeurent sourds à son invitation. Pourtant c'est dans la communion que nous sommes sûrs de trouver toutes sortes de délices et de consolations. Appliquons-nous donc à mieux apprécier cette faveur insigne et tâchons de nous en rendre dignes le plus souvent possible. Plus nous irons communier avec foi et amour, plus nous mériterons d'arriver au ciel.

PRIÈRE.

O saint Léonard qui trouviez tant de bonheur à recevoir votre Dieu dans la sainte Eucharistie, accordez-nous, par vos prières, de soupirer davantage après un si grand bienfait. (*Réciter les litanies*, page 55).

NEUVIÈME JOUR.

Amour pour le prochain.

« Heureux l'homme qui comprend le besoin « du pauvre, Dieu le délivrera au jour mau- « vais. » Chacun dans sa position peut trouver moyen et occasion d'exercer sa charité pour le prochain. Une aumône quelconque faite de bon

cœur et sans orgueil, une parole d'encourage-
ment, un témoignage de compassion à une âme
affligée, enfin et surtout, une prière et une lar-
me répandues devant Dieu sur les égarements
des pécheurs, quoi de plus chrétien et de plus
facile !

PRIÈRE.

O saint Léonard qui avez secouru tant de
pauvres, tant d'affligés et tant de malades, ins-
pirez-nous des pensées de charité envers nos
frères, afin qu'à votre exemple, nous méri-
tions le ciel par nos bonnes œuvres. (*Réciter
les litanies.*)

LITANIES DE SAINT LÉONARD.

Seigneur, ayez pitié de nous.
Jésus-Christ, ayez pitié de nous.
Seigneur, ayez pitié de nous.
Père céleste qui êtes Dieu, ayez pitié de nous.
Fils rédempteur du monde qui êtes Dieu, ayez
   pitié de nous.
Trinité sainte qui êtes un seul Dieu, ayez pitié
   de nous.
Sainte Reine des Confesseurs, priez pour nous.

Saint Léonard qui êtes maintenant dans le ciel avec Jésus-Christ, priez pour nous.

Saint Léonard qui avez été pauvre et mortifié sur la terre, priez pour nous.

Saint Léonard qui pendant votre vie avez consolé les affligés et guéri les malades, priez pour nous.

Saint Léonard qui par vos vertus et vos prières avez converti un grand nombre de pécheurs, priez pour nous.

Saint Léonard qui avez toujours agi pour la gloire de Dieu, priez pour nous.

Saint Léonard qui avez aimé la solitude et le silence, priez pour nous.

Saint Léonard qui avez préféré l'amour de Dieu à l'amour des grandeurs et des richesses, priez pour nous.

Saint Léonard qui avez sanctifié la contrée par votre présence, priez pour nous.

Saint Léonard dont nous possédons les précieuses reliques, priez pour nous.

Saint Léonard qui connaissez les maux dont nous sommes affligés, priez pour nous.

Agneau de Dieu qui effacez les péchés du monde, pardonnez-nous, Seigneur.

Agneau de Dieu qui effacez les péchés du monde, exaucez-nous, Seigneur.

Agneau de Dieu qui effacez les péchés du monde, ayez pitié de nous, Seigneur.

Priez pour nous saint Léonard, afin que nous devenions dignes des promesses de Jésus-Christ.

ORAISON.

O Dieu qui avez récompensé les vertus de saint Léonard votre serviteur, accordez à ses mérites et à son intercession, que préférant le salut de notre âme aux choses de ce monde, nous puissions vous aimer toujours ici-bas et vous posséder éternellement dans le ciel. Amen.

CANTIQUE A SAINT LÉONARD.

AIR : *La voix du Peuple fidèle.*

REFRAIN : Vers nous, ô bon saint Léonard,
Toi qui vécus en ces lieux,
Daigne abaisser ton regard
Et répondre à tous nos vœux. } *bis.*

I. Le voyez-vous sur un trône de gloire,
Son front est ceint d'un éclat radieux,

Il tient en main la palme de victoire ;
Illustre saint tu règnes dans les cieux ;
Parmi les chœurs des célestes phalanges
Tu chantes près du trône de Jésus :
Nous, ici-bas, dans nos chants de louanges,
Nous célébrons ton nom et tes vertus.

II. Dans tes discours, miracle de sagesse,
Vers nos aïeux, ange envoyé du ciel,
Tu sus briser la coupe enchanteresse
Dont la douceur ne cache que du fiel.
Quand tu parus, les pêcheurs se troublèrent ;
Par toi, Jésus vit étendre ses lois,
Et du démon les temples s'écroulèrent
Sous l'étendart triomphant de la croix.

III. Du haut du ciel tu nous souris encore :
Du ciel, pour nous, abaisse les hauteurs.
C'est toi qu'ici notre prière implore ;
Oui, c'est vers toi que s'élèvent nos cœurs.
Délivre-nous des fureurs de l'orage,
Et qu'au travers des ombres de la mort,
Par ton secours, sans crainte du naufrage,
Nous arrivions jusqu'au céleste port.

CHAPITRE XIV.

Notice sur l'église et la tour.

L'église de Saint-Léonard semble remonter à
une très-haute antiquité, mais on ne connaît

pas l'époque précise de sa fondation primitive.
Telle qu'elle est aujourd'hui, on peut assigner
l'époque de sa construction d'après son genre
d'architecture. Ainsi le sanctuaire et le chœur
voûtés en pierres, avec de solides nervures, sont
du XIIe siècle. Le reste de l'édifice, composé
d'une nef et d'un bas côté, est du XIIIe.— Cette
église fut presque entièrement renversée par un
ouragan, la surveille de l'Ascension, en 1683.
Quelque temps après, Louis XIV qui, en 1682,
avait déjà traversé le bourg de Saint-Léonard
et qui avait accordé un secours pour les pauvres
de la paroisse, repassa de nouveau, dans le
même bourg, en 1685, et dîna sur la place de
Bel-Air, *dans son carrosse*. « Là, comme il est
« dit dans un vieux registre de la fabrique, le
« sieur Bourguignon, prieur, curé de ce temps,
« fut saluer Sa Majesté et lui représenta le triste
« événement arrivé à l'église, et le pria de vou-
« loir bien reprendre ses charités à cet effet.
« Le roi ayant égard à la demande dudit prieur,
« lui abandonna les biens du consistoire de
« Marchenoir, et lui fit d'autres dons très-con-
« sidérables, au moyen desquels l'église fut ré-
« parée. »

Avant 1793, le chœur était fermé par une grille d'une antiquité remarquable, qui fut enlevée par le procureur-syndic et transportée à Mer, avec toutes les autres richesses de l'église.

A droite du chœur, près l'entrée de la tour, est l'autel de la Sainte-Vierge, érigé autrefois et richement décoré, au moyen des pieuses libéralités des habitants. A côté s'élève l'autel de Saint-Léonard où se trouve la châsse, renfermée dans une armoire supportée sur quatre colonnes en bois. Cet autel fut érigé en 1746 par M. Ramet, prieur de Saint-Léonard. Au-dessus est placé un intéressant tableau qui représente la translation des reliques de l'illustre patron de l'église. A gauche, de l'autre côté, est la chapelle de N.-D. de la Salette, de construction récente, avec le groupe de l'apparition et un autel en bois peint et doré, à colonnes, d'un très-bel effet. Cet autel est dû à la dévotion et à la générosité des paroissiens qui le payèrent par une souscription volontaire.

La tour solidement bâtie, au midi de l'église, est un monument remarquable du xve et du xvie siècle. On y monte par un escalier tournant, en pierres, d'une assez belle exécution.

Avant la révolution, cette tour imposante était garnie de trois magnifiques cloches, dont on a heureusement pu conserver la plus grosse.

A. MOUZÉ.

PRIÈRE DE SAINT BERNARD

A LA SAINTE VIERGE.

Souvenez-vous, ô très-miséricordieuse Vierge Marie, qu'on n'a jamais ouï dire qu'aucun de ceux qui ont eu recours à votre protection, imploré votre assistance et réclamé votre secours, ait été abandonné de vous. Animé d'une pareille confiance, je cours vers vous, Vierge des Vierges et ma Mère ! je viens à vos pieds, me voici devant vous, gémissant sous le poids de mes péchés. Ne rejetez pas, ô Mère de Dieu, mes humbles prières, mais écoutez-les favorablement et daignez les exaucer. Ainsi soit-il.

PRIÈRE A SAINT JOSEPH.

O saint Joseph qui, en qualité de père et de tuteur de l'enfant Jésus, l'avez accompagné dans tous ses voyages, avec une si grande fidélité, daignez être ici-bas mon guide et mon appui dans l'accomplissement de tous mes devoirs. Ne permettez pas que je m'éloigne jamais de Dieu par le péché mortel et préservez-moi de tout danger. Fortifiez-moi contre les tentations et aidez-moi à vivre saintement, afin qu'un jour je puisse être admis dans le ciel avec vous, et me réjouir en Jésus-Christ mon sauveur. Ainsi soit-il.

PRIÈRE A N.-D. DE LA SALETTE.

Sainte Vierge Marie qui avez versé d'abondantes larmes, sur la montagne de la Salette, en songeant aux péchés des hommes, priez votre divin Fils afin qu'il nous pardonne ; affermissez-nous dans la piété, encouragez-nous dans la pratique de toutes les vertus et obtenez-nous une soumission entière à la volonté de Dieu afin que nous devenions dignes des promesses de Jésus-Christ. Ainsi soit-il.

O divin Jésus, ayez pitié de moi.

FIN.

TABLE DES CHAPITRES.

Pag.

FIN DE LA TABLE

www.ingramcontent.com/pod-product-compliance
Lightning Source LLC
Chambersburg PA
CBHW051147050726
47594CB00003B/1276